Change Management und Strategieimplementierung anhand eines Fallbeispiels

C Löhmer

Bibliografische Information der Deutschen Nationalbibliothek:

Die Deutsche Nationalbibliothek verzeichnet diese Publikation in der Deutschen Nationalbibliografie; detaillierte bibliografische Daten sind im Internet über http://dnb.d-nb.de abrufbar.

ISBN: 9783346867438
Dieses Buch ist auch als E-Book erhältlich.

Druck und Bindung: Books on Demand GmbH, Norderstedt Germany
Gedruckt auf säurefreiem Papier aus verantwortungsvollen Quellen

Das vorliegende Werk wurde sorgfältig erarbeitet. Dennoch übernehmen Autoren und Verlag für die Richtigkeit von Angaben, Hinweisen, Links und Ratschlägen sowie eventuelle Druckfehler keine Haftung.

Das Buch bei GRIN: https://www.grin.com/document/1344120

Deutsche Hochschule für

Prävention und Gesundheitsmanagement

Hermann-Neuberger-Sportschule 3

66123 Saarbrücken

Studiengang	**Master of Arts Prävention und Gesundheitsmanagement**
Studienmodul	**Strategische Unternehmensführung II**
Datum Präsenzphase (siehe Ergebnisdokumentation)	**12.- 14.12.22**
Aufgabe	**Change Management und Strategieimplementierung anhand eines Fallbeispiels**

Inhaltsverzeichnis

1 BODO MÜLLERS PLAN 3

1.1 Gründe für den Wandel 3

1.2 Aspekte des Strategiewandels 3

1.3 Barrieren und Widerstände 4

2 CHANCEN MANAGEMENT 4

2.1 Gründe fürs Scheitern 4

2.2 Veränderungen meistern 5

3 STRATEGIEIMPLEMENTIERUNG 7

3.1 Durchsetzung 7

3.2 Umsetzung 8

4 BALANCED SCORECARD 9

4.1 Ursachen-Wirkungskette 9

4.2 Festlegung Ziele, Kennzahlen, Vorgaben und Maßnahmen 11

5 UNTERNEHMENSETHIK 13

5.1 Praxisbeispiel 13

5.2 Unternehmenswerte 14

5.3 Wertebruch 14

5.4 Konsequenzen 15

6 LITERATURVERZEICHNIS 17

7 ABBILDUNGS- UND TABELLENVERZEICHNIS 19

7.1 Abbildungsverzeichnis 19

7.2   Tabellenverzeichnis 19

1 Bodo Müllers Plan

Der Marketing Direktor Bodo Müller, der Abteilung Vertrieb der Gesundheits- und Medizintechnik AG in Deutschland, hat eine Veränderung im deutschen Markt beobachtet und möchte aufgrund dessen die Marketingstrategien verändern. Drei Gründe für die Strategieanpassung werden in Kapitel 1.1 dargestellt.

1.1 Gründe für den Wandel

Ein Grund den Bodo Müller für seine Veränderung der Marketingstrategien sieht, liegt darin, dass sich die Entscheidungsträger, welche medizinische Geräte anschaffen, verändert haben. Früher waren es die Krankenhausärzte, die solche Investitionen beschlossen hatten. Mittlerweile besitzt die Entscheidung der Investition die Krankenhausadministration, die ihre Entscheidungen aus ökonomischer Sicht treffen. Ein weiterer Grund liegt an der niedrigen staatlichen Finanzierung der Krankenhäuser. Auf Grund dessen wird weniger in neue Medizingeräte investiert, sondern bestehende Geräte instandgehalten. Einen dritten Grund sieht Bodo Müller darin, dass die Gesundheits- und Medizintechnik AG als technologie- und ingenieurorientiert wahrgenommen wird. Solange die Krankenhausärzte für die Investition von Geräten verantwortlich waren, hat dies funktioniert. Jetzt jedoch werden ganzheitliche Lösungen benötigt, um die allgemeine Effizienz im Krankenhaus zu verbessern.

1.2 Aspekte des Strategiewandels

Nach Beobachtung des Marktes ist Bodo Müller sich sicher, dass die Gesundheits- und Medizin AG weiterhin bzw. bessere wirtschaftliche Erfolge erzielt, indem er die Marktstrategien des Unternehmens ändert, da sich das Kaufverhalten und der Markt verändert haben. Diesbezüglich soll sich das Marketing und der Verkauf an den Bedürfnissen und Herausforderungen des Kunden, also die Krankenhausadministrationen (C-Level) orientieren und adressiert werden. Ein weiterer Aspekt für den Strategiewandel ist es, ganzheitliche Lösungen zu präsentieren, um die allgemeine Effizienz innerhalb der Krankenhäuser zu verbessern. Bei dem vierteljährigen Marketing Board präsentierte Bodo Müller seine Strategie und plante eine Projektgruppe zu erstellen, welche Ideen zu C-Level Marketing entwickeln und dafür Budget einräumen sollte.

1.3 Barrieren und Widerstände

Bodo Müller stellen sich verschiedene Barrieren bzw. Widerstände in den Weg für seinen Strategiewandel. Eine Barriere stellt die Ressourcen-Barriere da. Für die Finanzierung des neuen Marketings sollen die Marketing-Vizepräsidenten der sieben Produktlinien einen Teil ihres Budgets bereitstellen, welche dafür nicht bereit sind. Daraus lässt sich schließen, dass Ressourcen im Sinne von Mitarbeitern und Geld fehlen. Eine weitere Barriere stellt die Menschliche-Barriere da. Dies sieht man im Fernbleiben der Mitarbeiter beim Kick-off-Meeting bzw. dem lustlosen Teilnehmen derer, die da waren. Ursachen dafür können fehlende Motivation oder keine emotionale Bindung zur Strategie sein. Die Visions-Barriere steht auch Bodo Müller im Weg, denn er allein hat die Strategie erstellt, ohne auf die Bedürfnisse der Mitarbeiter einzugehen. Dementsprechend haben die Mitarbeiter keine emotionale Bindung an die Strategie und empfinden diese nicht als relevant bzw. schreiben dieser keinen hohen Stellenwert zu. Ein weiterer Faktor für einen Widerstand ist die mögliche Angst der Mitarbeiter. Durch die Zusammenfügung der Produktlinien könnte es zu Personaleinsparungen, zu Veränderungen der Positionen innerhalb der Teams, zu neuen Arbeitsabläufen und veränderten Arbeitsschritten kommen.

2 Chancen Management

2.1 Gründe fürs Scheitern

Im Folgenden werden vier Gründe für das Scheitern von Bodo Müllers Strategie anhand des 8- Stufen Modell nach Kotter erläutert. Der erste Grund und Stufe eins nach Kotter ist zu viel Selbstgefälligkeit. Bodo Müller präsentiert seine Strategie sehr sachlich und mit vielen Zahlen und Fakten, jedoch gelingt es ihm nicht die Dringlichkeit seines Wandels zu vermitteln und eine emotionale Bindung der Mitarbeiter für seine Strategie aufzubauen. Dies liegt an der geringen Teilnahme des Kick-off-Meetings und der Einstellung, dass es andere Themen gibt, welche Vorrang haben zu erkennen. Die zweite Stufe nach Kotter ist das Fehlen einer ausreichend starken Erneuerungs-/Führungskoalition. Dies gelingt Bodo Müller nicht, denn er entwickelt kein Team, das bestenfalls aus Freiwilligen besteht, die Interesse an dem Projekt haben und hinter der Vision stehen, sondern rief Vertreter aller Unternehmenseinheiten zusammen, welche als Arbeitsgruppe fungieren sollten. Diese, wie beim Kick-off-Meeting zu sehen war, kamen nur spärlich. Dementsprechend ist es Bodo Müller nicht gelungen, ein starkes Leistungsteam für seine Projektarbeit zu bilden. Die dritte Stufe und ein weiterer Grund für das Scheitern des Planes ist, dass die Kraft der Vision unterschätzt wird. Bodo Müller gelingt es nicht eine klare Vision zu formulieren und die Mitarbeiter davon zu überzeugen. Obwohl er es auf sachlicher Ebene schafft seinen Mitarbeitern zu verdeutlichen, dass sich etwas ändern muss, schafft er es nicht aufgrund einer unklaren Vision, dass die Angestellten sich emotional mit der Vision identifizieren. Die vierte Stufe nach Kotter beinhaltet die mangelnde Kommunikation der Vision. Aufgrund der fehlenden Vision von Bodo Müller kann diese auch nicht kommuniziert werden. Dies erzeugt Widerstand bei den Marketing-Vizepräsidenten und die Meinung, dass andere Themen Vorrang haben. Dies spiegelt sich an der geringen Teilnehmerzahl beim Kick-off-Meeting und der Skepsis und Kritik beim zweiten Marketing Board wider.

2.2 Veränderungen meistern

Um den Wandel, den sich Bodo Müller wünscht, werden im Folgenden die notwendigen Veränderungen mit Hilfe von Kotters Beschleunigungsmodel dargestellt. In der ersten Stufe soll das Gefühl für die Dringlichkeit und eine bedeutende Chance geweckt werden. Neben sachlichen Fakten und Zahlen hätte Bodo Müller an die Emotionen seiner Mitarbeiter appellieren sollen und Ihnen die Chancen und Risiken darstellen sollen. Wichtig für einen Wandel sind alle Mitarbeiter. Aufgrund dessen hätte er auch andere wichtige Mitarbeiter zum Marketing-Board einladen sollen, um somit mehr Mitarbeiter zu erreichen und deren intrinsische Motivation anzusprechen, damit sie selbst einen Wandel möchten. In der zweiten Stufe geht es darum ein starkes Leistungsteam zusammenzustellen. Dieses sollte aus freiwilligen Mitarbeitern mit verschiedenen Kompetenzen aus verschiedenen Bereichen und Hierarchiestufen der Unternehmensebene bestehen, also auch aus Führungspersönlichkeiten und Managern. Also nicht wie es Bodo Müller festgelegt hat, eine Arbeitsgruppe aus Mitarbeitern der Arbeitsebene. In der dritten Phase geht es nach Kotter darum, dass eine klare Zielvorstellung und Strategie für die Veränderung entwickelt wird, woraus dann eine Vision abgeleitet werden kann. Bodo Müller hatte, statt die Strategie vorzugeben, eine gemeinsam mit der Arbeitsgruppe entwickeln sollen. So hätte er ebenfalls die intrinsische Motivation und die emotionale Bindung der Mitarbeiter zum Projekt gefördert. Die Kommunikation und das Werben dafür, um Verständnis und Akzeptanz bildet die vierte Stufe des acht Stufen Modells.

Bei diesem Schritt soll die Akzeptanz, Verständlichkeit und die Motivation der Mitarbeiter für die Vision gewonnen werden. Bodo Müller hätte ehrlich und offen kommunizieren und mehr Mitarbeiter einbeziehen sollen, um seinen Wandel voranzubringen. Dementsprechend hätten sich mehr Angestellte angesprochen gefühlt, um seine Idee zu verwirklichen. Die fünfte Stufe nach Kotter ist das Beseitigen von Hindernissen, um ein rasches Vorankommen zu ermöglichen. Bei dieser Phase hätte Bodo Müller direkt auf die Skepsis und Zurückhaltung seiner Marketing-Vizepräsidenten eingehen und zusammen mit ihnen nach einer Lösung suchen sollen. Des Weiteren hätte der Mangel an Überzeugung der Mitarbeiter von der Vision beseitigt werden können, wenn eine offene Kommunikation und eine selbsterarbeitete Strategie einer freiwillig organisierten Arbeitsgruppe stattgefunden hätte. Ein wichtiger Aspekt, um alle Beteiligten weiter zu motivieren und ihnen Feedback für ihre bisherige Arbeit zu geben, ist das Feiern von Zwischenerfolgen. Dies bezeichnet Kotter als sechste Stufe. Im Falle von Bodo Müller hätte es Zwischenziele innerhalb von Wochen und nicht drei Monaten geben sollen. In seinem Fall konnte kein Ergebnis nach drei Monaten erzielt werden. Es hätte mehr Meetings und Feedback geben sollen, was gut funktioniert und was schlecht funktioniert, um die Mitarbeiter zu motivieren und das zu ändern, was schlecht läuft. In der nächsten Stufe ist es wichtig, dass das Unternehmen versucht sich ständig weiterzuentwickeln, um auf die sich ändernde Umwelt und deren Ansprüche zu reagieren. Hierfür hätte Bodo Müller den Markt weiter beobachten sollen und weiter an der Umsetzung und Verbesserung seiner Idee arbeiten sollen, auch nach erster positiver Reaktion nach der Vorstellung seiner Strategie. Er hätte sich auf diesem Feedback nicht ausruhen sollen, sondern weiterarbeiten, um die Zweifel, die durch das Budget vorhanden waren, zu beseitigen. Die letzte und achte Stufe beschäftigt sich mit der Integration einer entwickelten und neuen Strategie in die Unternehmenskultur. Hierbei sollen Werte und neuen Entwicklungen von allen Mitarbeitern gekannt, verwendet und weitergegeben werden, damit diese gefestigt werden. Die neue ganzheitliche Lösung für das Krankenhaus soll auch Vorteile und positive Effekte auf die Mitarbeiter haben, wie z.B. neue Arbeitsbereiche, Erhöhung der Kundenzufriedenheit, Erhöhung der Mitarbeiterzufriedenheit und vieles mehr.

3 Strategieimplementierung

3.1 Durchsetzung

Die Phase der Durchsetzung innerhalb der Strategieimplementierung hat den Gewinn der Akzeptanz der Mitarbeiter als Aufgabe. Die Implementierung hat tiefgreifende Wandlungs- und Lernprozesse zur Folge. Neben Be- oder Verhinderungen von strategischen Veränderungsprozessen kann es zusätzlich auch zu Konflikten oder Widerständen kommen. Diese sollen mit Hilfe der Durchsetzungsstrategie abgewehrt werden (Welge, Al-Laham & Eulerich, M., 2017, S. 827-828). Bei der Durchsetzung unterscheiden Welge et al. (2017. S. 827-828) drei Phasen. Die Phase der Strategie Vermittlung, die Phase der Einweisung und Schulung und die Phase der Schaffung eines strategiebezogenen Konsenses. Kaplan, Norton & Horváth (2001, S.12-13) stellten dar, dass die Verinnerlichung der Strategie, die Unterstützung und das Verständnis aller Mitarbeiter den Erfolg der Strategie sichert. Für die Vermittlung der Strategie sollte Bodo Müller ein Meeting für alle Mitarbeiter machen, um ihnen die Dringlichkeit des Strategiewandels zu erklären. Hierbei sollte er den Nutzen für das Unternehmen und der Mitarbeiter darstellen. Die Mitarbeiter sollte er vor allem emotional von der Idee begeistern, damit ihre intrinsische Motivation geweckt wird. Bodo Müller sollte die Marketing-Vizepräsidenten beauftragen, ihre Abteilungen mit der Strategie zu unterweisen und auftretende Barrieren oder Widerstände aufzunehmen, damit diese abgebaut werden können. Es sollten alle paar Wochen Meetings stattfinden damit jeder Mitarbeiter die Strategie verinnerlicht und im Arbeitsprozess umsetzt. Durch regelmäßige Meetings können auftretende Probleme oder Unstimmigkeiten besprochen und eliminiert werden. In der Phase der Einweisung und Schulung kommt es vermehrt zu einem Lern- und Fortbildungsbedarf der Mitarbeiter bezüglich der strategiebezogenen Qualifikationen (Welge et al., 2017, S. 829). Da es geplant ist, dass alle sieben Produktlinien zusammengeführt werden, müssen alle Mitarbeiter, auch die VPs fortgebildet werden, damit sie alle das Wissen der gesamten Produkte besitzen und die Strategie adäquat ausführen können. Dies könnte durch die VP gefördert werden, wenn diese den anderen Abteilungen den Ablauf ihrer Abteilung erklären und die Mitarbeiter bei allen Abteilungen zum Arbeiten eingesetzt werden, um die Abläufe der anderen Abteilung kennen zu lernen und zu verinnerlichen. Eine weitere Möglichkeit zur Unterstützung wäre es neue, qualifizierte Mitarbeiter einzustellen. Durch die Fortbildungsmaßnahmen können Unsicherheiten oder Ängste der Mitarbeiter reduziert werden. Eine weitere Qualifizierung in

Richtung der Krankenhausadministration wäre in diesem Fall ebenfalls ratsam. In der dritten Phase soll ein strategiebezogener Konsens geschaffen werden. Durch eine Veränderung in den Machtstrukturen können Konflikten im Bereich der Ziele, Verteilung und Durchsetzung entstehen (Welge et al., 2017, S. 829). Im Fall von Bodo Müller können in allen Bereichen Konflikte entstehen, durch das Zusammenführen der Produktlinien, den unterschiedlichen Qualifikationen der Mitarbeiter, dem Zusammenlegen der finanziellen und persönlichen Ressourcen und den neuen Machtverhältnissen. Im Bereich der Zielkonflikte können die Ziele der Mitarbeiter oder der Bereiche nicht mit denen der neuen Strategie übereinstimmen. Im Bereich der Verteilung kann es zu Konflikten kommen, auf Grund von Zusammenlegung der finanziellen und persönlichen Ressourcen der einzelnen Abteilungen. Im Bereich der Durchsetzung kann es zu persönlichkeitsbezogenen Konflikten kommen z.B., weil es neue Machtstrukturen und neue Führungskräfte gibt, die für die Mitarbeiter verantwortlich sind. Um diese Konflikte zu vermeiden bzw. zu lösen ist ein Konfliktmanagement notwendig, welches sich mit den Konflikten auseinandersetzt und sie löst. Wichtig für das Konfliktmanagement ist es, aktiv und aufmerksam zuzuhören und gemeinsam nach einer Lösung des Problems zu suchen und die Akzeptanz der Strategie in jedem Mitarbeiter zu fördern.

3.2 Umsetzung

Ziel in der Umsetzungsphase ist es, einen reibungslosen Ablauf zu erwirken mit Ausrichtung der Erfolgsfaktoren, Formulieren von Maßnahmenprogrammen und der Spezifikation der Strategien (Corsten & Corsten, 2012, S.209). Es werden drei Aufgaben in dieser Phase unterschieden. Die erste Aufgabe ist die Transformation strategischer Entscheidungen, die zweite, die Anpassung von Managementsystemen und Organisationsstrukturen und -prozessen und die dritte, die Motivierung und Mobilisierung der Mitarbeiter und Unterstützer (Bamberger & Wrona, 2012, S. 476). Bei der Aufgabe der Transformation geht es darum, feste Maßnahmen zu definieren. Hierzu zählen Kosten- und Ressourcenschätzung, Festlegen von Verantwortlichkeiten, Definierungen von Anfangs- und Endpunkten und die Formulierung der Ziele nach Inhalt, Ausmaß und Zeit. Danach werden diese Pläne nach Priorität sortiert, um einen Gesamtüberblick zu erstellen (Haake & Seiler, 2012, S.129-138). Für Bodo Müller wäre es hierbei wichtig, um die Mitarbeiter nicht zu überlasten, eine eigene Abteilung zu eröffnen, die sich mit dem C-Level Marketing beschäftigen. Als zusätzliche Unterstützung könnte er eine externe Führungskraft einstellen. Wichtig in dieser Phase ist es, dass deutlich gemacht wird, wer für welches Ziel verantwortlich ist und bis wann die Ergebnisse erzielt werden sollen und dass genügend Zeit eingeplant werden soll, um die Ergebnisse zu erreichen, um einer Überlastung vorzubeugen. Bei der Anpassungsphase kommt es zu einer Ausgestaltung der Organisationsstruktur, Unternehmenskultur und der Managementsystem (Kreikebaum, Gilbert & Behnam, 2018, S.178-188). Es muss nach Welge et al. (2017, S. 817) eine Anpassung der Erfolgsfaktoren. Die Gesundheits- und Medizintechnik AG sollte zuerst herausfinden, welche Aufgaben sie für die Zufriedenheit des Kunden erbringen sollten und dementsprechend die Strukturen verändern. Dementsprechend sollte eine Gruppe über die einzelnen Produktlinien und deren Marketing geschäftsübergreifend entscheiden und nicht nur die VPs, damit die Strategie auf das neue Marketing des C-Level angepasst wird. Die dritte Aufgabe, der Motivierung und Mobilisierung der Mitarbeiter ist wichtig, da es im Verlauf der Strategieumsetzung zu Demotivationen und Rückschlägen kommen kann (Haake & Seiler, 2012, S. 125). Wichtige Faktoren, um dies zu verhindern bzw. zu lösen sind die Führungsarbeit und die Implementierungstaktiken Intervention und Partizipation (Raps, 2004, S. 35-37). Wichtig für Bodo Müller ist es den Mitarbeitern zu zeigen, für welches Ziel sie diese Arbeit machen und Zwischenziele zu zelebrieren. Des Weiteren sollten regelmäßige Meetings stattfinden, um Probleme zu besprechen und zu beseitigen.

4 Balanced Scorecard

4.1 Ursachen-Wirkungskette

Die Balanced Scorecard verknüpft Ziele, Strategien und Maßnahmen und erzeugt dadurch für den Managementprozess einen Handlungsrahmen. Dies wird als Ursachen-Wirkungskette dargestellt (Nagel & Wimmer, 2009, S.326). Die Unternehmensvision und die Strategie bilden die Basis für die Balanced Scorecard (Müller-Stewens & Lechner, 2011, S.598). In dem vorliegenden Fallbeispiel möchte Bodo Müller die vorhandene Unternehmensstrategie verändern, indem sich das C-Level Marketing verbessert, um ganzheitliche Lösungen bei den Krankenhausadministratoren anbieten zu können. Im Folgenden werden die verschiedenen Perspektiven mittels der Ursachen-Wirkungskette beschrieben. Die erste Perspektive, die gewählt wurde, ist die der Kommunikation. Hier werden offene und klare Kommunikationen, Weitergabe von Informationen, Erörterungen von Problemen und Weitergabe von Erfolgen benötigt. Finden diese Prozesse statt kommt es bei der Lern- und Entwicklungsperspektive zur Förderung und Entwicklung der Mitarbeiter und zur Arbeitsqualitätsverbesserung durch Weiterbildungen. Diese haben eine Auswirkung auf die interne Prozessperspektive. Durch die Förderung und Entwicklung der Mitarbeiter und die Qualitätsverbesserung durch Weiterbildung, steigt die Mitarbeiterzufriedenheit, die Arbeitsabläufe werden effizienter und neue Arbeitsabläufe werden geschaffen. Diese interne Prozessperspektiven haben wiederum Auswirkungen auf die Kundenperspektive. Denn dadurch steigt die Kundenzufriedenheit, das Unternehmen hat ein Alleinstellungsmerkmal, da es eine ganzheitliche Lösung anbietet, es geht auf die veränderten Kundenbedürfnisse ein und die Kundentreue und Weiterempfehlung des Unternehmens steigt. Am Ende dieser Ursachen-Wirkungskette steht die finanzielle Perspektive. Die Ursachen der Kundenperspektive wirken sich auf die finanzielle Perspektive aus. Diese sind der Umsatzwachstum und die Rentabilität. Die verschiedenen Perspektiven werden mit Hilfe einer Ursachen-Wirkungskette in Abbildung 1 dargestellt.

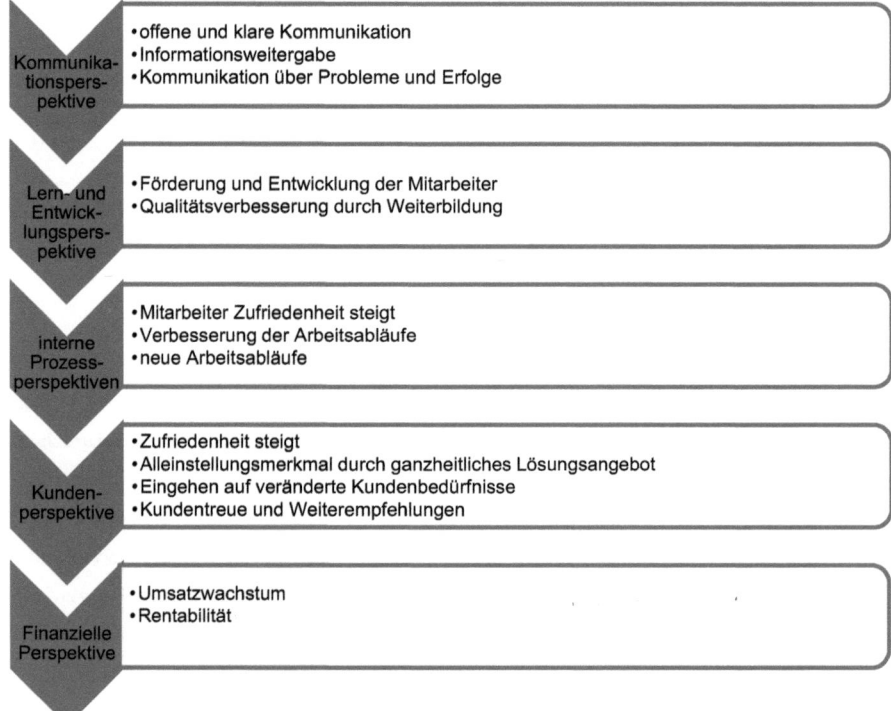

Abb. 1. Ursachen-Wirkungskette (Eigene Darstellung)

4.2 Festlegung Ziele, Kennzahlen, Vorgaben und Maßnahmen

Basierend auf der Ursache-Wirkungskette werden im Folgenden Ziele, Kennzahlen, Vorgaben und Maßnahmen für die einzelnen Perspektiven entwickelt. Das Ziel der Kommunikationsperspektive, ist die Transparenz und Kommunikationsförderung innerhalb des Unternehmens. Hierfür muss die Kommunikation und die Informationsweitergabe verbessert und transparenter gestaltet werden und zudem Probleme offen angesprochen werden, um diese zu lösen und Erfolge gefeiert werden, um die Motivation zu erhalten. Hierfür sollen im nächsten Jahr, monatliche Meetings stattfinden, um Probleme schnell zu beseitigen. Des Weiteren soll ein Beschwerde- und Qualitätsmanagement gebildet werden. Das Unternehmen soll das Qualitäts- und Entwicklungsfördernste in der Medizinproduktion werden. Hierfür soll in der Lern- und Entwicklungsperspektive die Mitarbeiterförderung und -entwicklung sowie die Qualität verbessert werden. Dies soll innerhalb des nächsten Jahres durch Fortbildungen aller Mitarbeiter realisiert werden, um die Qualität des Arbeitsservice zu verbessern. Hierzu sollen Fortbildungen angeboten werden und ein Qualitätsmanagement eingesetzt werden. Durch die Förderung der Mitarbeiter steigt die Zufriedenheit dieser und die Arbeitsabläufe werden verbessert. Aufgrund dessen möchte das Unternehmen innerhalb der internen Prozesse das effektivste und qualitativste Unternehmen der Branche werden. Um dies zu erreichen, soll die Mitarbeiterzufriedenheit von 70% auf 85% verbessert, die Kündigungsrate um 10% verringert und die Effizienz der Arbeitsabläufe innerhalb des nächsten Jahres, um 10% erhöht werden. Dies kann durch Mitarbeiterfragebögen, Qualitätsmanagement und Fortbildungsmaßnahmen realisiert und kontrolliert werden. Aus Sicht der Kundenperspektive möchte die Gesundheits- und Medizin AG der beste Medizinproduktanbieter werden. Durch die Verbesserung der internen Prozesse möchte das Unternehmen die Kundentreue und -zufriedenheit steigern. Hierbei soll die Kundenzufriedenheit im nächsten Jahr von 70% auf 85% erhöht und die Fluktuationsrate von 40% auf 30% reduziert werden. Um dies zu erreichen, werden qualifizierte Mitarbeiter benötigt. Die Strategie muss geändert werden, sowie die Bedürfnisse der Kunden erkannt und umgesetzt. Weiterhin sollte ein Beschwerdemanagement entwickelt werden. Wenn in allen Perspektiven Verbesserungen und Erfolge realisiert werden, wird dies in der finanziellen Perspektive deutlich. Denn das Ziel, das umsatzstärkste Unternehmen der Branche zu werden, kann anhand der Rentabilität und den Umsatzzahlen abgelesen werden. Hierfür sollen die Umsatzzahlen im Vergleich zum Vorjahr um 5% vermehrt werden. Um dies zu erreichen, muss sich die Strategie an die Kundenbedürfnisse anpassen, die Mitarbeiter- und Kundenzufriedenheit gesteigert und eine hohe Qualität der Produkte geschaffen werden.

Tab. 1 Konkretisierung der Perspektiven (Eigene Darstellung)

Perspektive	Ziel	Kennzahl	Vorgabe	Maßnahme
Finanziell Perspektive	Umsatzstärkstes Unternehmen für Medizinprodukte sein	Umsatz Rentabilität	Umsatz um 5% zum Vorjahr erhöhen	An Kunden und Mitarbeiterbedürfnissen und -zufriedenheit orientieren Qualitäts-, Produktions- und Marketinganpassungen
Kundenperspektive	Bester Anbieter für Medizinprodukte im Krankenhaus sein	Kundenzufriedenheit und -treue	innerhalb des nächsten Jahres die Kundenzufriedenheit von 70% auf 85 % erhöhen, sowie die Fluktuationsrate von 40% auf 30 % reduzieren	Mitarbeiter Qualifizierung, Strategieveränderung, Kundenbefragungen nach Bedürfnissen, Beschwerdemanagement anpassen
Interne Prozesse	Effektivste und qualitativste Unternehmen in der Branche werden	Mitarbeiterzufriedenheit erhöhen, Arbeitsabläufe verbbessern, und neue Arbeitsabläufe schaffen	innerhalb des nächsten Jahres Mitarbeiterzufriedenheit von 70% auf 85% verbessern, die Kündigungsrate um 10% verringern, sowie die Effizienz der Arbeitsabläufe um 10% erhöhen	Mitarbeiterfragebogen und Qualitätsmanagement einsetzten sowie Fortbildungsmaßnahmen fördern
Lern- und Entwicklungsperspektive	Qualitäts- und Entwicklungsfördernstes Unternehmen in der Medizinproduktion	Mitarbeiterförderung und Entwicklung, Qualitätsverbesserung	innerhalb des nächsten Jahres die Qualität und Entwicklung aller, mittels Fortbildungen fördern	Förderung von Fortbildungsmaßnahmen und Qualitätsmanagement
Kommunikationsperspektive	Transparenz und Kommunikationsförderung	Interne Kommunikation verbessern Transparenz fördern, Problemlösung verbessern, Erfolge feiern	Innerhalb des nächsten Jahres, monatliche Meetings einberufen	Regelmäßige Abteilungs- und Großmeetings sowie Beschwerde- und Qualitätsmanagement einführen

5 Unternehmensethik

5.1 Praxisbeispiel

Das ausgesuchte Unternehmen, welches in einen Skandal verwickelt war, ist die FIFA. Der dazugehörige Skandal begann 2010 mit der Vergabe der Fußball WM 2022 nach Katar und den damit einhergehenden Verletzungen verschiedener Werte, aufgrund von menschenunwürdigem Verhalten. Die Vergabe der WM nach Katar war schon mit viel Kritik behaftet, da der Verdacht der Korruption im Raum stand. Aufgrund dessen wurde das Vergabeverfahren von Präsident Infantino verändert (Nahar, 2022). Ein weiterer und schwerwiegender Kritikpunkt, ist der Vorwurf der Menschenrechtsverletzungen (ARD-aktuell / tagesschau.de, 2022). Frauenrechte und Gleichberechtigung existieren nicht und Homosexualität oder außerehelicher Sex sind in Katar verboten und werden mit Gefängnisstrafen sanktioniert (ARD-aktuell / tagesschau.de, 2022). Diese Grundsätze stehen mit den Werten, wofür die FIFA steht, im Konflikt. Schlagzeilen machten die Zahlen, dass bis zum Jahr 2021 mehr als 6500 Gastarbeiter, die aus Nepal, Pakistan, Indien, Bangladesch und den Philippinen stammten, für einen Niedriglohn und unter sklavenartigen Bedingungen arbeiteten, für den Bau der Sportstätten ums Leben kamen (ARD-aktuell / tagesschau.de, 2022). Wesemüller (2022) spricht teilweise von ca. 15.000 Toten ausländischen Bürger in Katar zwischen 2010 und 2019, deren Todesursache teilweise unbekannt war bzw. nicht aufgeklärt wurde. Neben den dubiosen Todeszahlen werden auch die Arbeitsbedingungen der Gastarbeiter kritisiert. Nach Recherchen von AMNESTY International (2022) sollen die Arbeiter gezwungen worden, bis zur Erschöpfung zu arbeiten. Zudem arbeiteten sie unter schlechten Hygienebedingungen, ihnen wurde Trinkwasser verweigert und ihre Gehälter wurden ihnen nicht oder zu spät ausgezahlt. Des Weiteren durften die Arbeiter keiner Gewerkschaft beitreten, um für bessere Arbeitsbedingungen zu demonstrieren. Zudem war es erlaubt, gegenüber den Arbeitern und Frauen Gewalt zu verwenden (AMNESTY International, 2022). Neben diesen Kritikpunkten, die besonders die Menschenrechte betreffen, musste sich die FIFA auch mit der Kritik der Nachhaltigkeit und Umweltfreundlichkeit beschäftigen. Dadurch, dass Katar keine Fußballtradition hat, wurden alle Stadien neu gebaut, unter gigantischem Ressourcenverbrauch (ARD-aktuell / tagesschau.de, 2022). Die Pläne für die Stadien nach der WM sind vage. Manche sollen verkleinert werden, manche für andere Zwecke genutzt werden und andere komplett abgebaut und woanders wieder aufgebaut werden. Jedoch ist noch nicht bekannt wo. Konkrete Pläne gibt es nicht und eine Aussage der Verantwortlichen fehlt (Allmeling, 2022). Zusammenfassend kann gesagt werden, dass die FIFA durch die Vergabe der WM nach Katar und den dort Menschenunwürdigen Bedingungen und Nachhaltigkeitsbedenken in der Kritik mit ihren Werten stand.

5.2 Unternehmenswerte

Wie in Kapitel 5.1 erläutert, wurde die FIFA und die Vergabe der WM in Katar, auf Grund ihrer nicht übereinstimmenden Werte, kritisiert. In der folgenden Tabelle 2 werden die Werte der FIFA dargestellt (Fifa, 2022).

Tab. 2 Werte der FIFA (FIFA, 2022)

Werte der FIFA
Global, offen inklusiv → Fußball überall zu entwickeln
Nachhaltigkeit
Digitalisierung
Frauen Rechte (Wert Steigerung auf und neben dem Platz)
Kampf gegen Rassismus und Diskriminierung
Fairness und Respekt
Schutz der Menschenrechte, Kinderschutz, Bildung von Kindern
Umwelt-/ Klimaschutz
Gesellschaftliches Engagement
Förderung der Fußballtechnologie

5.3 Wertebruch

In der folgenden Tabelle 3 werden die Werte dem Wertebruch der FIFA gegenübergestellt. Besonders im Bereich der Moral auf der Mesoebene hat ein Wertebruch stattgefunden, wie in der Tabelle zu erkennen ist.

Tab. 3 Werte vs. Wertebruch der FIFA (Eigene Darstellung)

Werte der FIFA	Wertebruch
Global, offen inklusiv → Fußball überall zu entwickeln	Zensur, Einschränkung der Presserechte (Ehrenberg, 2022), One Love Binden Verbot (Dahl, 2022)
Nachhaltigkeit	8 neue Stadien wurden gebaut, Verwendungszweck nach der WM unklar
Frauen Rechte (Wert Steigerung auf und neben dem Platz)	(sexuelle) Gewalt gegenüber ArbeiterInnen
Kampf gegen Rassismus und Diskriminierung	Gastarbeiter arbeiten lassen, keine Frauenrechte, keine Gleichberechtigung, One Love Binden Verbot
Fairness und Respekt	One Love Binden Verbot (Dahl, 2022), Lohnendgeldzahlung, Hygienebedingungen, Anwendung von Gewalt
Schutz der Menschenrechte, Kinderschutz, Bildung von Kindern	Arbeiten bis zur Erschöpfung, Lohngeldzahlung, Verbot einer Gewerkschaft beizutreten, schlechte Versorgungssituation (Hygiene, Trinken, Unterkunft), Verwendung von Gewalt
Umwelt-/ Klimaschutz	8 neue Stadien wurden gebaut, Verwendungszweck nach der WM unklar

5.4 Konsequenzen

Aufgrund der vielen Kritik haben sich (vermutlich) Konsequenzen für interne und externe Steakholder des Unternehmens entwickelt. Für die internen Stakeholder, welche die Mitarbeiter bzw. Arbeiter sind, ergab sich durch das nicht wertekonforme Verhalten verschiedene Konsequenzen. Hierzu zählten z.B. Todesangst, Frust, Demotivation, unmenschliche Bedingungen und die Trennung von der Familie. Für den Weiteren internen Steakholder, den Präsidenten der FIFA wäre eine mögliche Konsequenz keine erneute Wahl zum Präsidenten oder für die FIFA selber, der Austritt verschiedener Mannschaften aus der FIFA. Dies würde zeigen, dass die Teams bzw. die Wähler nicht zufrieden mit der derzeitigen Führung der FIFA sind. Als Konsequenz für einen externen Steakholder steht der Lieferant Hendriks. Dieser verweigerte seine Lieferung des Sportrasens für die WM, aufgrund der herrschenden Menschen- und Arbeitslage und des teuren Transports (Sport-Informations-Dienst, 2022). Eine weitere Konsequenz kann von der Gesellschaft bzw., den Zuschauern durch das Boykottieren der WM erfolgen. Diese könnte aufgrund der 30-40% niedrigere Einschaltquote vermutet werden (ZEIT ONLI-NE, 2022).

6 Literaturverzeichnis

Allmeling, A. (2022). *Was wird aus den Stadien?*. Tagesschau.de. Zugriff am 21.12.22. Verfügbar unter https://www.tagesschau.de/ausland/asien/katar-stadien-wm-verwendung-101.html

AMNESTY International. (2022). *AUSBEUTUNG UND TODESFÄLLE: WIE AR-BEITSMIGRANT*INNEN FÜR DIE FIFA-WM IN KATAR LEIDEN.* Zugriff am 21.12.22. Verfügbar unter https://www.amnesty.at/themen/wm-in-katar-2022/ausbeutung-und-todesfaelle-wie-arbeitsmigrant-innen-fuer-die-fifa-wm-in-katar-leiden/

ARD-aktuell / tagesschau.de (2022). *Warum Katar und die FIFA in der Kritik stehen.* tagesschau. Zugriff am 21.12.22. Verfügbar unter https://www.tagesschau.de/inland/faq-katar-101.html#:~:text=Warum%20gibt%20es%20so%20viel,Jahren%20f%C3%BCr%20eine%20negative%20Berichterstattung.

Bamberger, I. & Wrona, T. (2012). *Strategische Unternehmensführung. Strategien, Systeme, Methoden, Prozesse* (Vahlens Handbücher der Wirtschafts- und Sozialwissenschaften, 2. Aufl.). München: Vahlen.

Corsten, H. & Corsten, M. (2012). *Einführung in das strategische Management* (Bd.8487). Konstanz: UVK Universitätsverlag.

Dahl, H. (2022). *Verbot der „One Love"-Binde - Machtdemonstration der FIFA.* Sportschau. Zugriff am 21.12.22. Verfügbar unter https://www.sportschau.de/fussball/fifa-wm-2022/verbot-der-one-love-binde-ein-machtkampf-100.html

Ehrenberg, M. (2022, 17 Oktober). Update Medienberichte: Katar soll die Presserechte bei der WM einschränken. *Tagesspiegel.* Zugriff am 21.12.2022. Verfügbar unter https://www.tagesspiegel.de/gesellschaft/medien/fifa-wm-in-der-kritik-katar-schrankt-die-presserechte-bei-der-wm-enorm-ein-8760199.html

FIFA. (2022). *Das Jahr im Rückblick DIE VISION 2020-2023.* Zugriff am 21.12.22. Verfügbar unter https://publications.fifa.com/de/vision-report-2021/

Haake, K. & Seiler, W. (2012). *Strategie-Workshop. In fünf Schritten zur erfolgreichen Unternehmensstrategie* (2., überarbeitete und aktualisierte Aufl.). Stuttgart: Schäffer-Poeschel.

Kaplan, R. S., Norton, D. P. & Horváth, P. (2001). *Die strategiefokussierte Organisation. Führen mit der balanced scorecard.* Stuttgart: Schäffer-Poeschel.

Kreikebaum, H., Gilbert, D. U. & Behnam, M. (2018). *Strategisches Management* (8. Aufl.). Stuttgart: Kohlhammer.

Nagel, R. & Wimmer, R. (2009). *Systemische Strategieentwicklung. Modelle und Instrumente für Berater und Entscheider* (5., aktualisierte und erweiterte Auflage). Stuttgart: Schäffer-Poeschel.

Nahar, C. (2022). *Nach Katar - wie die WM-Vergabe in Zukunft abläuft.* Sportschau. Zugriff am 21.12.22. Verfügbar unter https://www.sportschau.de/fussball/fifa-wm-2022/wm-2022-vergabe-zukunft-korruption-einflussnah-me100.html#:~:text=2010%20erhielt%20Katar%20von%20der,Turnier%20in%20die%20W%C3%BCste%20kam

Müller-Stewens, G. & Lechner, C. (2011*). Strategisches Management. Wie strategische Initiativen zum Wandel führen*: der St. Galler General Management Navigator (4., aktualisierte Aufl.). Stuttgart: Schäffer-Poeschel.

Raps, A. (2004). *Erfolgsfaktoren der Strategieimplementierung. Konzeption und Instrumente* (2., aktualisierte Aufl). Wiesbaden: Dt. Univ.-Verl.

Sport-Informations-Dienst (SID). (2022). *WM 2022 News: Rasenhersteller boykottiert Katar-WM Hersteller boykottiert WM: Kein Rasen für Katar.* Bei skysport. Zugriff am 21.12.2022. Verfügbar unter https://sport.sky.de/fussball/artikel/wm-2022-news-rasenhersteller-boykottiert-katar-wm/12243565/34240

Welge, M., Al-Laham, A. & Eulerich, M. (2017). *Strategisches Management. Grundlagen, Prozesse Implementierung* (7. Aufl.). Berlin: Springer Gabler.

Wesemüller, E. (2022). *FUSSBALL-WM IN KATAR: DIE QUAL DER ZAHL.* amnesty.de. Zugriff am 21.12.22. Verfügbar unter https://www.amnesty.de/informieren/aktuell/katar-fussball-wm-arbeitsmigrant-innen-tote

ZEIT ONLINE. (2022, 18 Dezember). Fußballweltmeisterschaft ZDF meldet bis zu 40 Prozent weniger WM-Zuschauer. In *ZEIT ONLINE*. Zugriff am 22.12.2022. Verfügbar unter https://www.zeit.de/sport/2022-12/wm-bilanz-katar-zdf-fussball-zuschauer-einschaltquoten

7 Abbildungs- und Tabellenverzeichnis

7.1 Abbildungsverzeichnis

Abb. 1. Ursachen-Wirkungskette (Eigene Darstellung)

7.2 Tabellenverzeichnis

Tab. 1. Konkretisierung der Perspektiven (Eigene Darstellung)

Tab. 2. Werte der FIFA (FIFA, 2022)

Tab. 3. Werte vs. Wertebruch der FIFA (Eigene Darstellung)